Annemarie Herzog & Petra Kühne

RÄUCHERUNGEN für die Seele

INTUITIV
ZUR RICHTIGEN
MISCHUNG

Schirner Verlag

Wir verzichten auf das Einschweißen unserer Kartensets – **UNSERER UMWELT ZULIEBE!**

ISBN 978-3-8434-9122-8

Annemarie Herzog & Petra Kühne
Räucherungen für die Seele
Intuitiv zur richtigen Mischung
44 Karten mit Begleitbuch

2. Auflage Januar 2023

Box, Karten & Begleitbuch:
Elena Lebsack & Anna Katharina Berg, Schirner, unter Verwendung von # 279532562 (© Sko Olena), www.shutterstock.com, sowie Motiven von Petra Kühne
Lektorat: Bastian Rittinghaus, Schirner
Printed & bound by: Pelikan Printing House, Türkei

www.schirner.com

Inhalt

Vorwort

Es freut mich, dass du dich für dieses Kartendeck entschieden hast, das ich schon lange in meinem Kopf und auch in meinem Herzen habe reifen lassen. Viele Leser haben mich darauf angesprochen, dass es manchmal schwierig ist, herauszufinden, welches Seelenthema gerade bearbeitet werden möchte. Mein Buch »Die Räucher-Apotheke für die Seele« beschreibt viele dieser Themen und gibt Hilfestellung. Doch wie erkennen wir, was uns die Seele gerade sagen möchte? Ihre Probleme sind nicht so leicht zu identifizieren wie die des Körpers, zumal es nicht immer leicht ist, das Thema auch anzunehmen, wenn es vor einem steht, um aufgelöst zu werden. Manchmal tragen wir es schon lange mit uns herum, und dann verschwindet es auch nicht über Nacht. Es ist notwendig, hinzuschauen, es anzunehmen und zu bearbeiten.

Hier helfen die Räucherkarten für die Seele. Durch das intuitive Ziehen einer Karte erkennst du umgehend, worum es geht. Und da es in der Natur für jedes Seelenleid auch die es heilenden Pflanzen gibt, findest du eine effektive Mischung dieser Helferlein. Durch das Verräuchern der Zutaten können all ihre Kräfte nach außen kommen und dir schnell viel Gutes tun. Jede Zelle deines Körpers nimmt den feinstofflichen Rauch auf, sodass er überall gleichzeitig wirken kann.

Die Themenkarten sind von der begnadeten Künstlerin Petra Kühne liebevoll gemalt worden. Wir waren sofort aufeinander ausgerichtet. Zu jeder Räuchermischung hat sie den zugehörigen Pflanzengeist voller Liebe bildlich in Erscheinung treten lassen.

Ich wünsche dir, dass du durch das Ziehen dieser Karten immer einen Hinweis erhältst, wo du in deinem Leben gerade hinschauen solltest. Sei ehrlich zu dir selbst, und gestehe dir auch unliebsame Situationen ein, die du durch die Karten gespiegelt bekommst. Dann werden dir die Pflanzen und die Naturwesen dabei helfen, deinen inneren Frieden wiederzufinden.

Deine
Annemarie Herzog

Anwendung des Kartendecks

Wenn du dich in einem seelischen Ungleichgewicht befindest und nicht weißt, was dir deine Seele damit sagen will, dann sind die Räucherkarten für die Seele sehr hilfreich. Durch das Ziehen einer Karte kannst du erfahren, welches Thema für dich momentan wichtig ist und welches Räucherwerk du zur Unterstützung anwenden kannst.

Mische zunächst alle 44 Karten durch, und lege sie mit der Vorderseite nach unten auf einer ebenen Fläche nebeneinander aus.
Schalte deinen Verstand aus, und höre auf dein Bauchgefühl. Führe nun die linke Hand über die Karten, und bitte die Geistwesen der Pflanzen, dich zu der Karte zu leiten, die dir zeigt, welches Thema gerade bearbeitet werden will. Formuliere deine Bitte einfach ganz intuitiv.

Wenn du dich zu einer Karte hingezogen fühlst, nimm sie auf. Ziehe immer nur eine Karte. Lies den Namen der Karte und die Affirmation darauf, und betrachte das Bild. Lasse alles auf dich wirken. Schlage dann den Text zur Karte im Begleitbuch nach. Die auf der Karte dargestellte Pflanze ist immer hervorgehoben.

Stelle nun die Räuchermischung her, die für dein Thema richtig ist. Du kannst auch ein schon fertig gemischtes Räucherwerk bei mir bestellen (www.achanta.at). Zu jeder Karte empfehle ich eine meiner Mischungen.

Stelle einen Räuchertopf mit Sieb oder eine mit Sand gefüllte Räucherschale auf den Tisch, entzünde die Räucherkohle, und lege sie hinein. Die Räucherkohle ist notwendig, weil sich in jeder meiner Mischungen auch Harze, Hölzer und Wurzeln befinden, die von der Hitze z.B. eines Teelichts nicht aufgelöst werden und dann ihre Kraft nicht entfalten können. Die Kohle ist wie eine heiße Herdplatte: Wenn sie die richtige Temperatur hat, raucht sie nicht mehr, sondern glüht nur.

Gib nun eine Prise von der Räuchermischung auf die heiße Kohle, und setze dich gemütlich hin. Sprich die Affirmation, die auf der Karte steht – ruhig öfter hintereinander.

Du kannst dich zusätzlich mit dem Hüter oder der Hüterin der Pflanze verbinden. Auf jeder Karte siehst du das entsprechende Wesen. Bitte es darum, dir die Kraft zu verleihen, das Thema mithilfe deines Willens und der Pflanzen, die in der Räuchermischung gemeinsam für dich da sind, zu lösen. Durch das Erhitzen können sich die Kräfte, die im jeweiligen Pflanzenteil stecken, zur Gänze entfalten und stehen dir zur Verfügung.

Lege in Abständen, die du selbst wählen kannst, immer wieder eine Prise Räucherwerk nach. Wenn die Kohle erkaltet, zerfällt sie zu Asche und ist ein guter Blumendünger. Du kannst den Räuchervorgang jederzeit wiederholen. Sobald du den Impuls dazu verspürst, solltest du es auch tun.

Sprich die Affirmation insgesamt 70-mal am Tag. Das ist nötig, weil du eine Umkehr im Unterbewusstsein bewirken willst. Und da du deine Muster und Glaubenssätze meist schon seit der Kindheit mit dir herumschleppst, werden sie nicht einfach so verschwinden. Immer wenn du eine Veränderung in deinem Leben herbeiführen willst, musst du etwas dafür tun, was du bisher noch nicht getan hast – und wenn es das Durchhalten ist.

Benutze die Affirmation 21 Tage lang. Wenn du einen Tag auslässt, fange wieder von vorn an. Es ist wie bei der Programmierung eines Computers: Wenn nur ein Teil des Programms aufgespielt wurde, kann es nicht funktionieren. Das alte Programm muss vollständig überschrieben werden. Nach 21 Tagen wird aus einem neuen Verhalten eine Gewohnheit und ist wirklich im Unterbewusstsein angekommen. Du kannst dir jederzeit eine Karte ziehen, aber du solltest nicht alle Themen zugleich behandeln. Lasse dich von deiner Intuition führen, und du wirst genau zur richtigen Zeit die Karte ziehen, die du gerade benötigst.

Ich wünsche dir bei der Umsetzung viel Freude und Erkenntnisse, die dich im Leben ein Stück weiterbringen.

Karte 1

FRIEDEN UND GELASSENHEIT ENTWICKELN

Ich erkenne meine Potenziale und lasse nur Positives an mich heran.

Solltest du Aggressionen in dir verspüren, gehe in die Ruhe, und fühle in dich hinein. Am besten gelingt das in der freien Natur – auf einem Berg, im Wald oder auf einer Wiese. Sobald du mit der Natur in Berührung kommst, bist du mit allem verbunden, was wir als Menschen benötigen, um auf Erden existieren zu können. Das Grün von Wiesen und Bäumen ist heilsam für deine Seele und gibt dir genug Energie, um deine Batterien aufzuladen. Wenn du allein bist, schreie deine Aggressionen oder deine Wut einfach heraus. Danach wirst du dich befreit und friedlicher fühlen.

Räuchermischung:

Brennnessel	lässt die Ursache von Zorn und Wut erkennen
Eisenkraut	hilft, Lebensthemen zu erkennen und Blockaden zu lösen
Hopfen	lindert Angstzustände, Unruhe und Nervosität
Majoran	stärkt das Nervensystem und lindert innere Unruhe
Passionsblume	hilft bei Aggressivität, Erschöpfung und seelischen Verletzungen

Passendes Achanta-Räucherwerk:
Tut gut bei Aggressionen

Karte 2

Sanftmut und Entspannung finden

*Ich versöhne mich
mit mir selbst und
fühle mich geborgen.*

Wenn du wütend bist, weil dich Gedanken an die Vergangenheit oder an die Zukunft belasten, dann atme zwei Minuten in den Bauch. Atme bewusst ein und langsam wieder aus. Konzentriere dich dabei auf die ein- und ausströmende Luft. Das wird deinen Körper beruhigen und deinen Geist wieder in den gegenwärtigen Moment zurückbringen. Solltest du Zorn in dir spüren, dann besinne dich darauf, dass das Gegenteil davon die Sanftmut und die Freundlichkeit sind. Aus diesen positiven Zuständen wirst du in eine andere Schwingung versetzt, und es gelingt dir viel schneller, aufgestaute Gefühle ins Positive zu wandeln.

Räuchermischung:

Baldrian	wirkt entspannend und entkrampfend, fördert einen ruhigen Schlaf
Eisenkraut	hilft, Lebensthemen zu erkennen und Blockaden zu lösen
Hopfen	lindert Angstzustände, Unruhe und Nervosität
Johanniskraut	wirkt bei Stress und innerer Unruhe
Majoran	stärkt das Nervensystem und lindert innere Unruhe

Passendes Achanta-Räucherwerk:
Tut gut bei Aggressionen

Karte 3

LIEBEVOLL SEIN

Ich sorge liebevoll für mich und lebe in Harmonie mit meinen Mitmenschen.

In unserer Gesellschaft geht es zunehmend kühl und schonungslos zu. Schnell ist es passiert, dass man von diesen Verhaltensweisen erfasst wird und selbst so handelt. Dadurch wird aber jede schwierige Situation im Leben nur noch komplizierter. Denn wer grob und kaltherzig durch den Tag geht, wird entsprechende Situationen anziehen. Wer hingegen der Welt mit Liebe begegnet, wird auch liebevollen Menschen begegnen. Sei wach, und beobachte, warum du bestimmte Themen in dein Leben ziehst. Frage dich, was du ausstrahlst und dir von deinem Umfeld gespiegelt wird. Wenn du lächelst, lächelt die Welt zurück.

Räuchermischung:

Alant	steht für Stabilität und Zufriedenheit
Angelika	bringt Licht ins Leben und hilft bei Überforderung
Salbei	hilft bei Neubeginn und Veränderungen
Schafgarbe	wirkt harmonisierend und entspannend
Sonnenblume	fördert Selbstwert und Leichtigkeit

Passendes Achanta-Räucherwerk: Frauenwohl

Karte 4

Glück in sich selbst finden

Ich darf im Leben alles haben, was für mich bestimmt ist.

Wenn dich Situationen oder Menschen unglücklich machen, solltest du dich von ihnen trennen. Fällt dir das schwer, weil sie dir schon so lange vertraut sind? Obwohl sie schwer zu ertragen sind, erduldest du sie einfach. Wenn eine Beziehung nur deshalb von dir aufrechterhalten wird, weil du nicht allein sein oder dich nicht auf etwas Neues einstellen möchtest, kann sich wenig ändern. Erst, wenn du eine Tür schließt, geht eine andere auf. Ziehe jetzt einen Schlussstrich unter Situationen, Beziehungen und Partnerschaften, die dir nicht mehr guttun. Du wirst staunen, was hinter der nächsten Tür auf dich wartet.

Räuchermischung:

Eisenkraut	hilft, Entscheidungen zu treffen
Kalmus	fördert Wunscherfüllung und Leichtigkeit
Mädesüß	fördert Herzensbildung und Geborgenheit
Weihrauch	steht für Sicherheit und innere Balance
Zimt	steht für Wunscherfüllung und Glück

Passendes Achanta-Räucherwerk: Glück und Erfolg

Karte 5

ERFOLG ZULASSEN

Ich bin in allen Bereichen erfolgreich und genieße das Leben.

Erfolg ist, was erfolgt, und es erfolgt immer etwas im Leben. Denkst du »Ich werde es nie schaffen«, dann ist das Scheitern dein Erfolg, weil du es geistig immer wieder bestellt hast. Drehst du aber deine Gedanken ins Positive und sagst: »Ich schaffe es«, gibst du hierzu den Auftrag. Also hast du selbst in der Hand, was in dein Leben tritt. Die meisten Menschen blockieren sich selbst und wundern sich, dass sie ihre Ziele nicht erreichen. Beobachte ab jetzt deine Gedanken, und nimm jedes Mal, wenn du dich bei einer negativen Aussage ertappst, eine Korrektur vor. Im Laufe der Zeit wirst du immer schneller merken, wenn du dich mit deinen Gedanken selbst hemmst.

Räuchermischung:

Eisenkraut	hilft, Entscheidungen zu treffen und im Hier und Jetzt zu leben
Kalmus	fördert die Leichtigkeit im Leben
Kiefer	lässt Veränderungen zu und fördert die Selbstachtung
Sonnenblume	vermeidet Perfektionismus und Helfersyndrom
Zimt	steht für Genuss im Leben

Passendes Achanta-Räucherwerk: Glück und Erfolg

Karte 6

IN HARMONIE LEBEN

*Ich lasse alle Spannungen los
und erfreue mich am Leben.*

Ohne Harmonie ist das Leben ein großes Spannungsfeld. Anspannung kommt von Überforderung. Schaue auf deinen Tagesablauf, und überlege, wie sich darin das Verhältnis zwischen Anspannung und Harmonie darstellt. Alles, was ein Spannungsfeld erzeugt, ist mühsam. Lasse regelmäßig die Situationen, die dich überfordern, los, bzw. ersetze sie durch angenehme. Damit kommen Körper, Geist und Seele wieder in Einklang. Vermeide, dass dir die Seele immer hinterherlaufen muss, weil du zu schnell unterwegs bist. Baue regelmäßig kurze Pausen in den Alltag ein, und genieße bewusst das Leben.

Räuchermischung:

Lavendel	schenkt Demut und hilft bei seelischen Verletzungen
Mädesüß	fördert Herzensbildung und Zufriedenheit
Rose	fördert Angstbewältigung und Loslassen
Weihrauch	steht für Sicherheit und innere Balance
Zeder	schenkt Kraft und Lebensfreude

Passendes Achanta-Räucherwerk: Harmony

Karte 7

ENTSPANNT SEIN

Ich lebe in Frieden und lasse jede Anspannung los.

Du brauchst zu Alltag und Beruf einen Gegenpol, um im Gleichgewicht zu bleiben. Diesen kannst du in einer sportlichen Betätigung, in Musik oder bei einem anderen Hobby, das dir Freude macht, finden. Bist du entspannt, wirst du auch nicht gleich aus der Fassung geraten, wenn du in eine negative Situation kommst, weil dein Nervenkostüm dadurch gestärkt wird. Suche dir ein Hobby, das dir Spaß macht und dich nicht überfordert. Vielleicht kennst du Gleichgesinnte, mit denen du ihm gemeinsam nachgehen kannst. Oder du machst für dich allein Meditationen oder Wanderungen in der Natur. Was auch immer dein Ausgleich ist, du solltest dich regelmäßig damit beschäftigen, damit die Entspannung von Dauer ist.

Räuchermischung:

Fichte	hilft, negative Gedanken und Belastungen zu vermeiden
Mädesüß	fördert Herzensbildung und Zufriedenheit
Schafgarbe	wirkt harmonisierend und entspannend
Weihrauch	steht für Sicherheit und innere Balance
Zeder	schenkt Kraft und Lebensfreude

Passendes Achanta-Räucherwerk: Harmony

Karte 8

Geborgen sein

Ich bin inmitten aller Veränderungen geborgen.

Die Geborgenheit, die du im Mutterleib genossen hast, bevor du geboren wurdest, ist in deiner Erinnerung verwahrt. Du sehnst dich immer danach, wenn die Stürme des Lebens wehen. Daher ist es wichtig, dass du dir Plätze der Geborgenheit schaffst. Das kann eine Stelle in der Natur sein, deine Lieblingsecke in der Wohnung oder eine Holzbank im Garten. Du merkst selbst, welcher Ort dir sofort dieses Gefühl des Geborgenseins schenkt. Ziehe dich dorthin zurück, und halte inne. Sollte dieser Ort weit weg sein, dann nimm einen Stein, etwas Sand oder einen kleinen Zweig von dort mit nach Hause. Dieses Andenken steht stellvertretend für deinen Ort der Geborgenheit, und jedes Mal, wenn du ihn in die Hand nimmst, wirst du dessen hütende Energie spüren.

Räuchermischung:

Angelika	bringt Licht ins Leben und hilft bei Überforderung
Melisse	schenkt Ausgeglichenheit
Pfingstrose	fördert Lebensfreude und Frieden
Rosenwurz	bewältigt Stress und Nervosität
Rosmarin	stärkt das Selbstvertrauen und gibt Geborgenheit

Passendes Achanta-Räucherwerk: Geborgenheit

Karte 9

Lebensfroh sein

Ich freue mich über die kleinen Dinge im Leben und bin dankbar dafür.

Das Materielle ist auf dieser Erde notwendig, damit du Erfahrungen damit sammeln kannst. Es ist jedoch nicht so wichtig, dass du ihm alles andere unterordnen solltest. Denn das, was du nicht kaufen kannst, sind die wahren Werte, und auf die kommt es an. Sonst würden reiche Menschen sehr ausgeglichen und fröhlich sein. Stattdessen haben sie ständig Angst davor, dass ihnen jemand das Vermögen wegnimmt oder die Börsenkurse sinken. Die ständige Jagd nach mehr erzeugt keine Lebensfreude. Viel wichtiger ist es, die Freude in den kleinen Dingen des Lebens zu suchen, die gar nichts kosten. Gehe in die Natur, und schaue dir die Schätze an, die für dich bereitliegen. Du kannst sie jeden Tag nutzen und brauchst dafür kein Geld.

Räuchermischung:

Angelika	bringt Licht in die Gefühle
Kiefer	hilft, zu vergeben und in Leichtigkeit zu leben
Melisse	fördert Ausgeglichenheit
Orange	schenkt Freude und ein sonniges Gemüt
Pfingstrose	fördert Lebensfreude und Frieden

Passendes Achanta-Räucherwerk: Geborgenheit

Karte 10

INNEREN FRIEDEN SPÜREN

Ich bin dankbar für den Frieden, den ich in mir spüre.

Es gibt viele Orte auf der Welt, die du aufsuchen kannst, um dort Frieden zu finden. Das können Kraftorte, Pilgerstätten oder auch Klöster sein. Dort wird gefastet oder geschwiegen, damit das Spüren wieder möglich wird. Denn solange du im Außen lebst und dich selbst nicht wahrnimmst, werden viele Gefühle unterdrückt. Wenn es dir schwerfällt, in dich hineinzuhören, weil du das schon lange nicht mehr getan hast, dann höre eine geführte Meditation. Das kannst du auch gut im Freien machen. Sei geduldig mit dir selbst: Nach einer einzigen Meditation wird es noch nicht gelingen. Aber Schritt für Schritt kannst du das Gehörte besser nachvollziehen und wirst Frieden verspüren.

Räuchermischung:

Alant	steht für Stabilität und Zufriedenheit
Lorbeer	schenkt inneren Frieden und Stabilität
Mädesüß	fördert Herzensbildung und Zufriedenheit
Rose	hilft, Liebe zuzulassen, und schenkt Lebensfreude
Ysop	fördert Dankbarkeit und Demut

Passendes Achanta-Räucherwerk: Innerer Frieden

Karte 11

Dankbar sein

Ich bin dankbar für all das Wunderbare in meinem Leben.

Dankbarkeit ist in der heutigen Zeit leider vielen Menschen abhanden gekommen. Das macht sie hartherzig. Wer undankbar ist, schätzt nicht, was ihm von seinen Mitmenschen oder vom Leben geschenkt wird. Wenn du aber dankbar bist, gibst du positive Energie in jede Situation, und es kommt etwas Positives zu dir zurück. Gehe dankbar durch das Leben. Bedanke dich bei den Vögeln dafür, dass sie für dich singen. Bedanke dich bei den Bäumen dafür, dass sie dir Sauerstoff und Schatten spenden. Bedanke dich bei den Blumen, die für dich blühen. Du findest sicherlich ganz viele Gelegenheiten, dankbar zu sein. Es fühlt sich wunderbar an und macht glücklich.

Räuchermischung:

Alant	steht für Zufriedenheit und Stabilität
Angelika	bringt Licht ins Leben und hilft bei Überforderung
Lorbeer	schenkt inneren Frieden und Glück
Mädesüß	fördert Herzensbildung und Wertschätzung
Ysop	fördert Dankbarkeit und Demut

Passendes Achanta-Räucherwerk: Innerer Frieden

Karte 12

Zufrieden sein

Friedvoll fließe ich mit dem Leben und empfinde Freude.

Wenn jemandes Kleiderschrank übervoll ist, all seine täglichen Bedürfnisse befriedigt werden und jedes Jahr zwei Urlaube drin sind, sollte man meinen, dieser Mensch sei zufrieden. Sind viele aber nicht, weil sie sich vergleichen mit den Nachbarn, den Kollegen oder den Verwandten. Die Frage aber ist: Ist das alles, wonach wir streben? Je mehr jemand verdient, desto mehr kann er ausgeben. Mit Zufriedenheit hat das aber oftmals gar nichts zu tun. Es gibt manche, die essen am liebsten Kartoffeln mit Butter und Salz, und es gibt andere, die gern ins Gourmetrestaurant gehen. Beide sind zufrieden. Finde daher deine eigene Zufriedenheit, und vergleiche dich nicht mit anderen Menschen. Was gefällt dir und macht dich zufrieden?

Räuchermischung:

Alant steht für Glück und Ausgeglichenheit

Holunder stärkt das Urvertrauen und fördert das Loslassen

Lorbeer schenkt Freude und Mut

Mädesüß fördert Herzensbildung und Zufriedenheit

Ysop fördert Dankbarkeit und Demut

Passendes Achanta-Räucherwerk: Innerer Frieden

Karte 13

INNERE FÜLLE ERREICHEN

Fülle begleitet mich,
und ich fühle mich
reich beschenkt.

Wenn du in deinem Inneren keine Fülle hast, kannst du auch im Außen keine Fülle erreichen. Dies folgt dem geistiges Gesetz der Entsprechung. Sobald du aber liebevoll mit dir selbst umgehst und bewusst etwas für dich tust, was dir Freude bereitet, baust du innere Fülle auf. Besuche Orte, die du gern einmal sehen möchtest, wofür dir vermeintlich immer die Zeit fehlte. Verabrede dich mit einem Menschen, den du schon länger nicht gesehen hast, und nimm dir Zeit für ein paar schöne Stunden. Kaufe dir eine Blume ganz für dich allein. Du wirst merken, wie gut es sich anfühlt, dich selbst beschenkt zu haben. Wenn du immer wieder solche Selbstzuwendungen in dein Leben integrierst, werden sich auch im Außen Geschenke zeigen.

Räuchermischung:

Beifuß	lässt Chancen erkennen und gibt Urvertrauen
Eisenkraut	fördert Durchhaltevermögen und Veränderung
Melisse	lässt zur Ruhe kommen
Orange	schenkt inneren Reichtum und Freude
Zeder	gibt Bodenhaftung und lässt Wege erkennen

Passendes Achanta-Räucherwerk:
Innere Fülle und Reichtum

Karte 14

Freude ausdrücken

*Das Leben ist voller Freude,
und ich genieße
jeden Augenblick.*

Wenn du betrübt bist, frage dich, ob es nicht besser ist, das Glas halb voll statt halb leer zu sehen. Aus dieser Sichtweise ist alles schöner. Entspanne dich, und freue dich über alles, was uns die Natur bietet. Sei achtsam, und nimm bewusst wahr, welche Geräusche dich umgeben: das Rauschen der Bäume, das Zwitschern der Vögel oder das Lachen von Kindern. Genieße das Leben – nicht die materiellen Dinge, sondern die kleinen, aber feinen Erlebnisse, die dir geschenkt werden. Um sie auch wahrzunehmen, solltest du öfter am Tag in dich hineinhören. Wie fühlt es sich an, Freude zu empfinden? Finde diese Stelle in dir, und genieße die Wahrnehmung.

Räuchermischung:

Angelika bringt Licht in die Seele
Eisenkraut steht für Veränderung
Pfingstrose ist gut für das Gemüt
Zeder Gefühle zulassen
Zitronenmelisse unterstützt die Herzöffnung

Passendes Achanta-Räucherwerk:
Innere Fülle und Reichtum

Karte 15

Auf die Intuition hören

*Ich lasse meine
innere Stimme sprechen
und höre auf sie.*

Wenn du sehr kopflastig bist, besinne dich darauf, dass du auch eine innere Stimme hast, die dir immer einen Hinweis gibt, was in deinem Leben gerade ansteht. Diese intuitive Wahrnehmung solltest du nicht unbeachtet lassen, denn sie bringt dich immer auf den richtigen Weg. Es ist unsere Seele, die in Form der Intuition Signale an uns sendet. Nimmst du diese jedoch nicht wahr, darfst du viele Ehrenrunden im Leben drehen. Das Bauchgefühl kann man trainieren, indem man immer wieder in die Stille geht und in sich hineinhört. Danke deiner inneren Stimme dafür, dass sie dir zur Seite steht.

Räuchermischung:

Angelika	bringt Licht in die Gefühle
Johanniskraut	hilft, innere Signale zu hören
Lorbeer	schenkt Freude und Vertrauen
Myrte	weckt das Bauchgefühl
Wacholder	weckt die intuitive Wahrnehmung

Passendes Achanta-Räucherwerk: Intuition wecken

Karte 16

Urvertrauen entwickeln

*Ich vertraue darauf,
dass das Leben mich
mit allem versorgt,
was ich brauche.*

Zweifelst du an deinen Talenten oder dem Können, das du dir im Laufe des Lebens aufgebaut hast? Dann fehlt dir die notwendige Stabilität. Dir selbst zu vertrauen in dem Wissen, dass alles möglich ist, wenn du nur daran glaubst, ist der Schlüssel zum Urvertrauen. Gesundheit, Erfolg, Glück und Zufriedenheit können dadurch in Erscheinung treten. Du bist ein wertvoller Mensch und darfst das Besondere, das dich ausmacht, auch nach außen bringen. Wenn du diese Selbstsicherheit ausstrahlst, gehen deine Mitmenschen damit in positive Resonanz, was du an ihren Reaktionen erkennen wirst.

Räuchermischung:

Angelika	vertreibt negative Gefühle
Johanniskraut	beruhigt die Sinne
Lorbeer	weckt die intuitive Wahrnehmung
Wacholder	hilft, alte Gewohnheiten zu ändern
Zeder	gibt Durchhaltevermögen

Passendes Achanta-Räucherwerk: Intuition wecken

Karte 17

ENTSCHEIDUNGEN TREFFEN

*Ich treffe nur Entscheidungen,
die hilfreich und heilsam
für mich sind.*

Bist du ein Mensch, der Entscheidungen immer wieder verschiebt oder glaubt, wenn er sich nicht entscheidet, geht es von selbst weiter? Dieses Verhalten führt dazu, dass immer mehr nicht getroffene Entscheidungen in der Warteschleife stehen und zu einer Belastung werden. Du und dein Leben geratet in Stillstand. Entscheidungen sind dazu da, getroffen zu werden. Eine große Hilfe dabei ist das Bauchgefühl. Es führt uns immer in die richtige Richtung, auch wenn es manchmal nicht so scheint. Zögere nicht, sondern entscheide, und vertraue darauf, dass du zum richtigen Zeitpunkt das Richtige spürst und danach handelst.

Räuchermischung:

Beifuß	öffnet die Sicht auf die Realität
Eisenkraut	schenkt Durchhaltevermögen
Lebensbaum	schafft Klarheit für gezielte Handlungen
Melisse	beruhigt das Gemüt
Sonnenblume	bringt Freude und Durchsetzungskraft

Passendes Achanta-Räucherwerk: Klarheit und Wahrheit

Karte 18

Im Hier und Jetzt leben

Jetzt ist die einzige Zeit,
die ich beeinflussen kann.

Verwendest du deine Energie häufig aufs Grübeln? Denkst du darüber nach, was du in der Vergangenheit besser hättest machen sollen oder was die Zukunft bringen mag? Das alles bringt dich kein Stück weiter, denn das Vergangene kannst du nicht mehr ändern und die Zukunft ist noch nicht da. Die einzige Zeit, in der du wirklich etwas bewegen kannst, ist das Hier und Jetzt. Gib all deine Energie in den Moment. Gestaltest du ihn positiv, wird auch Positives daraus folgen. Beobachte deine Gedanken, und korrigiere sie sofort, wenn du wieder in Vergangenes oder Zukünftiges abschweifst.

Räuchermischung:

Beifuß	öffnet die Sicht auf die Realität
Eisenkraut	schenkt Durchhaltevermögen
Eukalyptus	wirkt aufmunternd
Kiefer	vitalisiert den Geist
Lebensbaum	schafft Klarheit für gezielte Handlungen

Passendes Achanta-Räucherwerk: Klarheit und Wahrheit

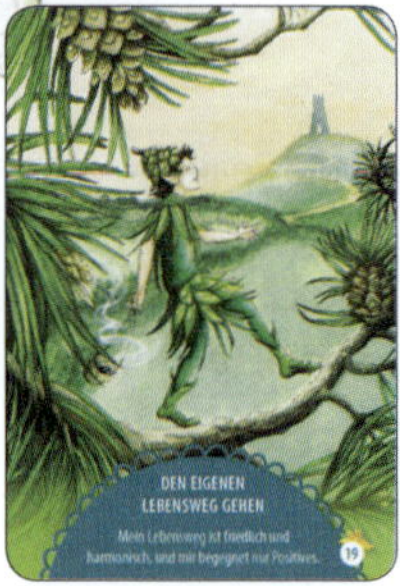

Karte 19

Den eigenen Lebensweg gehen

Mein Lebensweg ist friedlich und harmonisch, und mir begegnet nur Positives.

Wie oft ertappst du dich dabei, dass du immer zuerst an deine Familie, Freunde und Kollegen denkst und erst dann an dich selbst? Diese Lebensweise kann dich niemals glücklich machen, denn wenn du dir nicht die nötige Aufmerksamkeit gibst, wirst du diese auch keinem anderen geben können. Es sieht zwar aus, als tätest du das, aber wenn du ehrlich zu dir bist, bemerkst du einen Mangel in dir. Es ist der Mangel an Anerkennung. Du bist der wichtigste Mensch in deinem Leben und für deinen Lebensweg selbst verantwortlich – genauso wie jeder andere Mensch auf dieser Welt für seinen. Zuerst musst du gut für dich sorgen. Dann erst hast du die Kraft für alle anderen Lebensaufgaben.

Räuchermischung:

Beifuß	öffnet die Sicht auf die Realität
Eisenkraut	hilft, das Richtige zu erkennen
Kiefer	hilft, zu Entscheidungen zu stehen
Lebensbaum	schafft Klarheit für gezielte Handlungen
Salbei	Helfersyndrom wird hinterfragt

Passendes Achanta-Räucherwerk: Klarheit und Wahrheit

Karte 20

NEUBEGINN ZULASSEN

Jeder Augenblick meines Lebens ist ein neuer Anfang.

Wenn du im Leben immer wieder an einem Punkt ankommst, an dem du den Drang verspürst, etwas verändern zu müssen, erfordert es Kraft und Durchhaltevermögen, dies auch umzusetzen. Das Signal zur Veränderung kommt nicht von ungefähr. Es ist eine Botschaft deiner Seele, die dir sagen will, dass du auf deinem Lebensweg gerade an einer Weggabelung stehst. Begib dich aus der Komfortzone! Schenkst du diesem Signal keine Aufmerksamkeit, werden sich Situationen häufen, in denen du genau merkst, dass es so nicht weitergehen kann. Nimm dieses Gefühl ernst. Du musst eine Tür schließen, damit eine andere aufgehen kann.

Räuchermischung:

Beifuß lässt die richtigen Signale hören
Eisenkraut hilft, Veränderungen zuzulassen
Gänseblümchen gibt Kraft und richtet auf
Goldrute wirkt aufrichtend und hilft bei einem Neubeginn
Lebensbaum schafft Klarheit für gezielte Handlungen

Passendes Achanta-Räucherwerk: Klarheit und Wahrheit

Karte 21

Verantwortung für sich selbst übernehmen

Mit Freude akzeptiere ich, dass mein Leben in meiner Verantwortung liegt.

Es ist angenehm, zu sagen: »Jemand anderes ist schuld daran, dass es mir nicht gut geht.« Damit schiebst du die Verantwortung für deine Handlungen von dir. Aber so funktioniert das Leben nicht. Beschreite den Weg der Eigenverantwortung, und richte den Fokus darauf, was du vom Leben haben möchtest. Es wird dir genau das liefern, was du bestellst. Wenn deine Gedanken positiv sind, wird auch Positives in Erscheinung treten. Denkst du hingegen negativ, wird sich auch im Außen das Negative zeigen. Achte daher genau darauf, was du aussendest, und beobachte deine Gedanken sehr aufmerksam. Du bist der Schöpfer deines Lebens.

Räuchermischung:

Beifuß	stärkt den Willen zur Veränderung
Eisenkraut	bringt Erfolg bei der Umsetzung von Zielen
Kiefer	gibt Kraft und Durchhaltevermögen
Lebensbaum	schafft Klarheit für gezielte Handlungen
Salbei	hilft, Verantwortung zu übernehmen

Passendes Achanta-Räucherwerk: Klarheit und Wahrheit

Karte 22

Sich selbst lieben

Ich liebe und nehme mich so an, wie ich bin, und sorge für mich.

Liebe ist alles, und ohne Liebe ist alles nichts. Das Allerwichtigste dabei ist, dass du dich selbst liebst. Wenn du das nicht tust, kann dich auch kein anderer Mensch wirklich lieben. Du musst zuerst ein liebevoller Partner sein, um einen liebevollen Partner anziehen zu können. Richte deine Aufmerksamkeit darauf, dir etwas Gutes zu tun. Mache keine Kompromisse. Du hast sicher einen geheimen Wunsch, den du schon lang in dir trägst und immer wieder zugunsten deines Jobs oder deiner Familie verworfen hast. Setze ihn jetzt einfach um. Liebe ist die größte Macht im Universum. Liebst du dich, wirst du das ausstrahlen, und viele Menschen werden dadurch in Resonanz zu dir gehen.

Räuchermischung:

Jasmin	hilft bei der Wunscherfüllung
Lavendel	nimmt Ängste aller Art
Mädesüß	schenkt Lebensfreude
Rose	unterstützt die Herzensbildung
Weihrauch	steht für Sicherheit und innere Balance

Passendes Achanta-Räucherwerk: Liebe

Karte 23

Das Herz öffnen

Ich höre auf mein Herz und lasse meine Gefühle zu.

Viele Menschen verschließen das Herz, damit sie sich nicht darum kümmern müssen, was sie in gewissen Situationen fühlen. Gehörst du auch dazu? Wenn du dein Herz öffnest, entwickelst du Urvertrauen und Selbstliebe. Dadurch kannst du den für dich richtigen Weg besser erkennen und dich von deinen Gefühlen leiten lassen. Solange du dich an den Gefühlen anderer orientierst, hast du es sehr schwer, deinen eigenen Weg zu finden. Öffne jetzt dein Herz, und spüre, wie schön das Leben ist. Nimm bewusst deinen Herzschlag wahr, und bedanke dich bei deinem Herzen. Schon vor deiner Geburt war es für dich da und schlägt seither ununterbrochen für dich.

Räuchermischung:

Lavendel	schenkt Geborgenheit
Mädesüß	schenkt Lebensfreude
Myrte	weckt die Selbstliebe
Rose	hilft, das Herz zu öffnen
Weihrauch	hilft, Gefühle zuzulassen

Passendes Achanta-Räucherwerk: Liebe

Karte 24

VERSTORBENE LOSLASSEN

Ich lasse ____________
in Liebe los und akzeptiere,
dass sie/er jetzt
ins Licht gehen darf.

Hast du dich in letzter Zeit von einem lieben Menschen verabschieden müssen? Oder ist es schon eine Weile her, seit er ins Licht gegangen ist? Es dauert eine Zeit, bis man begreift, dass das Leben dieses Menschen endlich war und daher zu Ende gehen durfte. Lerne, loszulassen. Die Seele verlässt den Körper und geht nach dem »Schuljahr« einer Inkarnation wieder nach Hause. Wird sie nicht losgelassen, kann sie ihren Weg ins Licht nicht finden. Freue dich, dass du den Weg ein Stück mit diesem Menschen zusammen gehen konntest, und erinnere dich dankbar an die gemeinsame Zeit.

Räuchermischung:

Holunder	schenkt Urvertrauen
Kalmus	bringt Leichtigkeit ins Leben
Lorbeer	hilft, zu akzeptieren, was ist
Rose	weckt schöne Erinnerungen
Weihrauch	beruhigt das Gemüt

Passendes Achanta-Räucherwerk: Loslassen

Karte 25

Ex-Partner loslassen

Ich lasse vergangene Beziehungen liebevoll los und danke für die Erfahrungen, die ich mitnehme.

Kannst du die Trennung von einem Partner nicht verkraften? Auch wenn sie schon lang her ist, kann sie noch immer ein großes Thema sein. Ob privat oder beruflich – eine Verbindung zwischen zwei Menschen ist oft nur vorübergehend. Wenn die Lebenswege nicht so ausgerichtet sind, dass sie ständig parallel verlaufen sollen, dann merkt man das eindeutig an Spannungen und dem Drang, etwas verändern zu müssen. Was zusammengehört, kann man nicht trennen. Was nicht zusammengehört, kann man nicht festhalten. Dein Festhalten verhindert auch, dass eine neue Partnerschaft in Erscheinung treten kann, weil der Platz dafür nicht frei ist.

Räuchermischung:

Beifuß	hilft, veränderte Situationen anzunehmen
Kalmus	bringt Leichtigkeit in die Situation
Lorbeer	hilft, zu akzeptieren, was ist
Rose	schenkt Ausgeglichenheit
Zimt	bringt Verständnis für die Realität

Passendes Achanta-Räucherwerk: Loslassen

Karte 26

Die Vergangenheit loslassen

*Ich lasse die Vergangenheit
in Liebe hinter mir und
freue mich auf alles Neue.*

Wenn du dich nicht von der Vergangenheit lösen kannst, bist du in der alten Energie gefangen. Statt nach vorn zu schauen, blickst du nach hinten. Deinen Lebensweg kannst du aber nur beeinflussen, indem du in der Gegenwart lebst. Das Vergangene kannst du nicht mehr verändern, die Zukunft nur erahnen. Aber das Jetzt hilft dir, das zu manifestieren, was du dir in deinem Leben wünschst. Streife die Fesseln der Vergangenheit ab, und komme damit in Frieden. Es ist nichts umsonst im Leben, auch von weniger erfreulichen Situationen hast du viel Erfahrung mitgenommen. Sei jetzt gespannt auf das Neue!

Räuchermischung:

Beifuß	hilft, im Hier und Jetzt zu leben
Kalmus	bringt Leichtigkeit ins Leben
Lorbeer	hilft, zu akzeptieren, was ist
Rose	schafft Lebensfreude
Sternanis	hilft, Altes loszulassen

Passendes Achanta-Räucherwerk: Loslassen

Karte 27

Sich selbst vergeben

Ich sorge liebevoll für mich und lebe in Frieden.

Wie oft ist es in deinem Leben schon passiert, dass dich jemand schlecht behandelt oder verstoßen hat? In solchen Fällen werden seelische Wunden aufgerissen, die sehr langsam verheilen, manchmal gar nicht. Doch erkenne, dass du das mit dir machen lässt. Bei Verletzungen gehören immer zwei dazu: einer, der die Wunde schlägt, und einer, der es zulässt. Versprich dir selbst, dich von keinem Menschen mehr verletzen zu lassen, und vergib dir, dass du dich in der Vergangenheit hast verletzen lassen. Sorge in Zukunft gut für dich, und gib niemandem das Recht, dir wehzutun.

Räuchermischung:

Iriswurzel	gibt den Mut, zu vergeben
Jasmin	schenkt inneren Frieden
Lavendel	nimmt Nervosität
Rose	schenkt Fürsorge und Liebe
Ysop	hilft bei seelischen Verletzungen

Passendes Achanta-Räucherwerk: Vergebung

Karte 28

ANDEREN VERGEBEN

Ich lasse Belastendes mit Freude los und fühle mich frei.

»Man vergibt sich nichts, wenn man vergibt«, sagt ein Sprichwort. Versuche, zu verstehen, warum der andere so reagiert hat. Versetze dich in seine Situation, und frage dich auch, warum du ihm die Möglichkeit gegeben hast, dich durch einen verbalen oder körperlichen Angriff zu verletzen. Suche den Kontakt, und sprich ganz offen über deine Gefühle und wie es dir dabei ergeht, dass die Verbindung abgebrochen ist. Wenn dem Gegenüber etwas daran liegt, den Streit zu beenden, dann wird es dir Wertschätzung zeigen. Vergeben macht dich stark und befreit von der Last, verletzt zu sein.

Räuchermischung:

Angelika	befreit von seelischer Last
Iriswurzel	gibt den Mut, zu vergeben
Lavendel	beruhigt das Gemüt
Rose	hilft, liebevoll zu vergeben
Ysop	heilt seelische Wunden

Passendes Achanta-Räucherwerk: Vergebung

Karte 29

Blockaden lösen

Ich löse mich in Liebe bewusst von alten Mustern.

Kennst du die Situation, dass dieselben Themen immer wieder in deinem Leben auftauchen? Dann haben sich alte Muster in dir festgesetzt und bestimmen dein Leben. Du steckst in einem Hamsterrad und möchtest endlich etwas ändern. So, wie du die Muster in dir abgespeichert hast, kannst du sie auch umprogrammieren. Wie bei einem Computer musst du das alte Programm überschreiben, damit das neue Programm zu wirken beginnt. Du wandelst negative in positive Muster um. Das Glas ist entweder halb leer oder halb voll – es liegt an dir.

Räuchermischung:

Angelika	bringt Licht in alte Strukturen
Beifuß	hilft, im Jetzt zu handeln
Eisenkraut	transformiert negative Situationen
Fichtenharz	gibt die Kraft, Altes zu lösen
Weide	löst alte Blockaden und Muster

Passendes Achanta-Räucherwerk: Mentale Stärke

Karte 30

Gefühle zulassen

Ich gestatte allen Gefühlen,
die ich in mir trage,
da zu sein.

Gefühle zu zeigen, ist oft schwierig. In gewissen Situationen unterdrücken wir sie zugunsten unserer Mitmenschen. Es sind nicht immer nur schöne Gefühle, die in uns schlummern. Ignorieren oder verleugnen wir sie jedoch dauerhaft, machen sie uns depressiv oder körperlich krank. Sie stauen sich auf und finden kein anderes Ventil. Gehe an einen Ort, an dem dich keiner hört, und schreie alles aus dir hinaus, was dich belastet. Oder nimm ein Polster, und boxe so lange auf es ein, bis du dich erleichtert fühlst. Auch die positiven Gefühle wollen gelebt werden. Gib allen Gefühlen den Ausdruck, den du gerade für richtig erachtest.

Räuchermischung:

Beifuß	hilft, im Jetzt zu handeln
Bernstein	schenkt mentale Stärke
Eisenkraut	transformiert negative Situationen
Fichtenharz	gibt die Kraft, sich zu öffnen
Zeder	stärkt die Gefühlswelt

Passendes Achanta-Räucherwerk: Mentale Stärke

Karte 31

Belastungen reduzieren

*Ich befreie mich von allem,
was mich belastet, und lebe
in Leichtigkeit.*

Manchmal haben wir das Gefühl, einen Rucksack voller Steine auf dem Rücken zu tragen, und das über viele Jahre. Befreie dich von diesem Ballast! Überlege, welche Steine am größten sind. Beginne bei diesen, zu hinterfragen, welche Themen sich dahinter verstecken und ob du sie noch brauchst. Wenn du die Steine nicht aus dem Rucksack nimmst, tut es keiner. Die Last reduziert sich dadurch immens. Gehe an einen Bach oder See. Suche dir einen Stein aus, der dein Problem repräsentiert, und schreibe mit einem dicken Filzstift das Thema darauf, das du loswerden willst. Wirf den Stein dann mit voller Kraft so weit, wie du kannst, in das Gewässer. Genieße das befreiende Gefühl.

Räuchermischung:

Angelika	schickt Licht in die Gefühlswelt
Hafer	nimmt Belastungen aus dem Alltag
Löwenzahn	reinigt vergiftete Situationen
Melisse	beruhigt das Gemüt
Sonnenblume	bringt Leichtigkeit ins Leben

Passendes Achanta-Räucherwerk:
Unbeschwert und frei sein

Karte 32

Unbeschwert leben

*Ich befreie mich
von dem Zwang,
perfekt sein zu wollen.*

Was ist perfekt? Wer legt das fest? Du selbst! Die Perfektion ist ein Laster, denn einem ist alles, was man tut oder ist, nie gut genug. Dieser Zwang führt dazu, dass du immer unzufrieden bist mit dem, was du bereits erreicht hast. Meist steckt dahinter, dass du von deinen Mitmenschen erwartest, dass sie dich besonders gern mögen, wenn du besonders viel leistest. Dies aber ist ein Trugschluss, es läuft genau andersherum: Sobald du dich selbst liebst, strahlst du Liebe aus – und die kommt zu dir zurück.

Räuchermischung:

Angelika	durchlichtet die Gefühle
Fichte	gibt die Kraft, unbeschwert zu leben
Hafer	befreit von Zwängen aller Art
Melisse	beruhigt das Gemüt
Sonnenblume	schenkt Leichtigkeit

Passendes Achanta-Räucherwerk:
Unbeschwert und frei sein

Karte 33

In Freiheit leben

Es tut gut, das loszulassen, was nicht für mich bestimmt ist.

An etwas festzuhalten, was nicht für deinen Lebensweg vorgesehen ist, erfordert viel Energie. Wenn sich etwas unbeschwert und leicht anfühlt und alles fließt, ist das ein Zeichen dafür, dass du auf dem richtigen Weg bist. Das betrifft sowohl Partnerschaften als auch Gegenstände oder Wohnorte. Überlege einmal, was in deinem Leben sich schwer und was leicht anfühlt. Alles, was zusammengehört, kann nicht getrennt werden, und alles, was nicht zusammengehört, kann man nicht festhalten. Hinterfrage, was du mit viel Energieaufwand versuchst, zusammenzuhalten.

Räuchermischung:

Angelika	erhellt ein schweres Gemüt
Hafer	schenkt Freiheit
Melisse	beruhigt alle Sinne
Passionsblume	verleiht Unbeschwertheit
Sonnenblume	verwandelt Zwänge in Leichtigkeit

Passendes Achanta-Räucherwerk:
Unbeschwert und frei sein

Karte 34

WOHLFÜHLSITUATIONEN ERSCHAFFEN

*Ich lasse nur das
an mich heran,
was mir guttut.*

Sich abzugrenzen, ist sowohl im Beruf als auch in der Familie sehr wichtig. Negative Energien gibt es in allen Bereichen, und zu viele davon tun niemandem auf Dauer gut. Dein materieller und auch dein feinstofflicher Körper sind nicht darauf ausgelegt, alles an dich heranzulassen, was sich im Laufe eines Tages aufstaut. Daher ist es immer wichtig, deine Seele und deinen Leib von Ballast zu befreien, um dich wohlfühlen zu können. Oasen wie ein Lieblingsort in deiner Wohnung oder in der Natur können viel Entlastung bringen. Seelenwohl ist die Voraussetzung dafür, dass es dir rundum gut geht.

Räuchermischung:

Angelika	bringt Licht in unangenehme Situationen
Bernstein	schenkt Lebensfreude
Holunder	hält Negatives fern
Sonnenblume	schenkt die Kraft für Veränderungen
Weihrauch	nimmt depressive Stimmung

Passendes Achanta-Räucherwerk: Schutz

Karte 35

Energie bewahren

Meine Energie bleibt bei mir, und niemand anderes darf sie für sich verwenden.

Energievampire sind Menschen, die jemanden benötigen, bei dem sie alles Belastende abladen können. Sie denken, damit sei ihr Problem erledigt. Das ist aber nicht der Fall, denn sie ändern nichts. Der andere aber fühlt sich nach solchen Gesprächen ausgelaugt und schlapp. Wenn du solche Menschen in deinem Umfeld kennst, kannst du ihnen natürlich Ratschläge geben. Wenn du aber merkst, dass diese nicht befolgt werden, darfst du auch sagen, dass du nicht helfen kannst, wenn deine Vorschläge nicht umgesetzt werden. Sonst wird daraus ein Spiel, das sich oft über Jahre hinzieht. Diese Menschen ziehen viel Energie von dir ab, ohne etwas zurückzugeben.

Räuchermischung:

Angelika	bringt Licht in das Energiefeld
Holunder	bewahrt vor Energieverlust
Meersalz	schützt vor negativer Energie
Sonnenblume	gibt Lebenskraft
Weihrauch	hilft gegen depressive Stimmung

Passendes Achanta-Räucherwerk: Schutz

Karte 36

Selbstwert aufbauen

*Ich bin es wert,
geliebt zu werden.*

Wie sehr wertschätzt du dich selbst? Nur in dem Maß kannst du auch deine Mitmenschen wertschätzen. Wenn du ausstrahlst, dass es keinen Grund gibt, dich zu lieben, oder wenn du ständig wiederholst, dass du dies und jenes nicht kannst, dann wirst du diesen Zustand manifestieren. Drehst du deine Gedanken aber ins Gegenteil und wiederholst jeden Tag, dass du ein liebevoller und einzigartiger Mensch bist, dann wird sich dein Selbstwert auch im Außen zeigen, und dein Umfeld wird dich anders wahrnehmen und einschätzen.

Räuchermischung:

Angelika	hat eine stabilisierende Wirkung
Beifuß	öffnet den Zugang zur Seele
Kiefer	hilft bei allgemeiner Erschöpfung
Pfefferminze	löst verkrampfte Situationen
Wacholder	hilft, alte Muster zu verlassen

Passendes Achanta-Räucherwerk: Selbstvertrauen

Karte 37

SICH ERDEN

Das Leben trägt mich wie die Erde den Baum.

Bist du nicht ausreichend geerdet, kannst du viele Dinge auch nicht richtig erkennen. Verbinde dich mit der Erde. Lasse jeden Tag im Geist Wurzeln aus deinen Füßen wachsen, die bis zum Mittelpunkt der Erde reichen. In den warmen Jahreszeiten kannst du dafür barfuß in den Garten oder einen Park gehen, sodass du direkten Kontakt zur Erde hast. Auch in einem Garten, in dem du gern arbeitest und Blumen oder Gemüse anbaust, kannst du dich wunderbar erden. Oder du umarmst einen Baum, spürst seine Kraft und, wie du dich gemeinsam mit ihm mit der Erde verwurzelst.

Räuchermischung:

Kiefer	stärkt die Verbindung zur Erde
Myrrhe	hilft, sich geborgen zu fühlen
Patschuli	schenkt Sicherheit in allen Lebenslagen
Weide	gibt Kraft und Energie
Zeder	bringt Gleichgewicht ins Leben

Passendes Achanta-Räucherwerk: Erdung

Karte 38

SICH DES LEBENS FREUEN

Ich genieße jeden Tag
in Leichtigkeit und Freude.

Wenn dir Lebensfreude fehlt, hinterfrage einmal, wie viel Zeit du mit Dingen verbringst, die dir keine Freude bereiten. Falls sie einen Großteil deines Alltags ausmachen, ist es höchste Zeit, Fröhlichkeit in dein Leben zu bringen. Wo findest du sie? Meist in den kleinen Dingen. Betrachte bewusst die Natur, beobachte kleine Kinder oder Tiere, wie sie in Leichtigkeit leben. Mache dir selbst ein Geschenk, und genieße es bewusst. Nimm dir Zeit, das zu tun, was du liebst, und spüre, wie dadurch Frohsinn in dein Leben einzieht. Genieße diese Zeit allein, damit du nicht abgelenkt wirst und dich nur auf das konzentrieren kannst, was du gerade in deiner Leichtigkeit erfährst.

Räuchermischung:

Angelika	bringt Licht in die Gefühle
Basilikum	hilft gegen Traurigkeit
Kiefer	stärkt die Verbindung zur Erde
Rose	öffnet das Herz
Sonnenblume	schenkt Leichtigkeit und Freude

Passendes Achanta-Räucherwerk: Lebensfreude

Karte 39

Auf die Seele hören

Für jedes Problem gibt es eine Lösung, und meine Seele kennt sie.

Probleme sind da, um gelöst zu werden, und nicht, um sie ewig mit sich herumzuschleppen. Sie sind immer eine Chance, zu erkennen, was dir das Leben mitteilen will. Es wünscht sich, dass du daraus lernst. Wenn alles in deinem Leben schön und angenehm wäre, könntest du dich nicht entwickeln. Erst durch die Bewältigung von schwierigen Situationen kann deine Seele wachsen. Sage also nicht: »Ich habe schon wieder ein Problem«, sondern frage dich: »Was sagt mir dieses Problem?« Selbstmitleid bringt dich keinen Schritt weiter, Lösungen zu finden, hingegen immer.

Räuchermischung:

Basilikum	ist Balsam für die Seele
Kamille	löst seelische Verkrampfungen
Melisse	beruhigt Gefühlsschwankungen
Passionsblume	schenkt Unbeschwertheit
Rosenwurz	hilft, Probleme zu lösen

Passendes Achanta-Räucherwerk: Tut gut bei Stress

Karte 40

Ruhe und Besonnenheit finden

Ruhig und besonnen meistere ich jede Situation.

Bist du oft gereizt und nervös? Diese Zustände verursachen Stress. Aus solch einer Haltung heraus zu leben, erfordert viel Energie, ohne, dass du viel zustande bringst, weil dir die Konzentration fehlt. Begib dich auf eine Anhöhe, und betrachte die Welt von oben. Alles zu deinen Füßen liegt ganz friedlich da. Es scheint, als wäre die Zeit stehen geblieben. Nimm diesen Zustand bewusst wahr. Es kehrt Ruhe in deinem Gemüt ein. Genieße diese Auszeit bewusst, und du wirst gestärkt daraus hervorgehen. Je öfter du solche Ruhephasen in deinen Alltag einbaust, desto besser wirst du mit Gereiztheit umgehen können, und sie wird sich auch immer seltener einstellen.

Räuchermischung:

Basilikum	wirkt stabilisierend
Johanniskraut	hilft bei depressiver Stimmung
Lavendel	hilft, Spannungen abzubauen
Melisse	wirkt ausgleichend und beruhigend
Rosenwurz	gibt den Mut für Veränderungen

Passendes Achanta-Räucherwerk: Tut gut bei Stress

Karte 41

Kraft und Energie tanken

Jede Zelle meines Körpers ist von Kraft und Energie erfüllt.

Gibst du in deinem Leben mehr Energie als du auftankst? Dann musst du dir einen Ausgleich suchen. Wenn du immer nur Kraft verbrauchst, bleibst du irgendwann liegen wie ein Auto, das keinen Kraftstoff mehr im Tank hat. Vielleicht denkst du, du hättest zu wenig Zeit, um etwas für dich zu tun. Das gilt nicht! Denn bedenke: Du bist keine Maschine, sondern ein Mensch aus Fleisch und Blut. Dein Körper, aber auch deine Seele benötigt Nahrung. Wenn du sie überforderst, geht das nicht lange gut. Mache es dir zur Gewohnheit, in regelmäßigen Abständen für dich zu sorgen. Verzichtest du zugunsten anderer Menschen darauf, dann wirst du bald niemandem mehr helfen können.

Räuchermischung:

Goldrute	macht das Herz weich
Nelke	hilft, sich von alten Strukturen zu lösen
Pfefferminze	löst verkrampfte Situationen
Rosenwurz	gibt den Mut für Veränderungen
Rosmarin	reguliert den Energiehaushalt

Passendes Achanta-Räucherwerk: Kraft und Energie

Karte 42

In Sicherheit sein

Unverzagt gehe ich meinen Weg und fühle mich sicher.

Wie oft versetzen dich bestimmte Situationen in Panik? Dahinter verbirgt sich meist, dass du in ähnlichen Momenten immer wieder gescheitert bist. Nun traust du dich gar nicht mehr, in solch eine Situation zu gehen, weil die Angst vor dem Versagen in deinem Unterbewusstsein gespeichert ist. Hier hilft es nur, aus der Spirale auszusteigen und die Situation aus einer anderen Perspektive zu betrachten. Verlasse den ausgetretenen Pfad, und biege auf einen anderen Weg ab. Dadurch weicht die Panik, und es kehrt Sicherheit ein. Wenn du das ausstrahlst, werden dir die Menschen auch anders begegnen – wie innen, so außen.

Räuchermischung:

Baldrian	wirkt beruhigend in stressigen Situationen
Johanniskraut	hilft, Ängste zu besiegen
Mädesüß	fördert das Selbstbewusstsein
Quendel	schafft Mut und Zuversicht
Salbei	schenkt Vertrauen in die eigene Kraft

Passendes Achanta-Räucherwerk: Tut gut bei Ängsten

Karte 43

UNBEKÜMMERT LEBEN

Ich bringe Liebe zum Ausdruck und werde überall mit Liebe empfangen.

Neigst du dazu, bestimmte Lebenssituationen mit Ängsten zu besetzen? Dann wirst du auch Angst ernten – das ist das Gesetz von Ursache und Wirkung. Ängstlichkeit lähmt dich, denn du bist nicht in der Lage, unbeschwert zu entscheiden. Aber Ängste sind Gedanken, und Gedanken kann man loslassen. Es ist viel schöner, die Aufmerksamkeit auf die schönen Dinge im Leben zu richten und dankbar dafür zu sein. Lebe im Hier und Jetzt, denn nur in diesem Moment kannst du etwas in deinem Leben verändern. Vergeude deine Energie nicht mit Zukunftsängsten, und befasse dich auch nicht mit Situationen, die in der Vergangenheit liegen. Beides kannst du nicht ändern. Also konzentriere dich auf liebevolle Gedanken, aus denen ein schönes Leben entsteht.

Räuchermischung:

Angelika	wirkt positiv auf ängstliche Menschen
Johanniskraut	hilft, Ängste zu besiegen
Mädesüß	schenkt Stärke und Selbstvertrauen
Quendel	schafft Lebensfreude
Rose	wirkt harmonisierend auf die Gefühlswelt

Passendes Achanta-Räucherwerk: Tut gut bei Ängsten

Karte 44

Körper, Geist und Seele vereinen

Ich bestehe aus Körper, Geist und Seele, und ich nehme mich in dieser Vollkommenheit an.

Akzeptiere alles, was zu dir gehört. Das ist nicht nur dein Körper. Er ist die Hülle, in der die Seele wohnt. Während der Körper vergänglich ist, bleibt die Seele und kehrt nach dieser Inkarnation nach Hause zurück. Sie nimmt von diesem Leben alle Erfahrungen mit. Daher ist es ganz wichtig, die Seele als unseren Kern zu betrachten und auch mit ihr zu kommunizieren. Denn gibt es keine Verbindung, kann sie uns auch nicht zur rechten Zeit den richtigen Impuls geben, damit wir wissen, was gerade die richtige Entscheidung ist. Der Körper und der Verstand werden uns immer nur das Rationale zeigen, das uns schützt, aber nicht voranbringt. Die Seele ist für die Emotionen zuständig, die uns fühlen lassen, wo es im Leben langgeht. Körper, Geist und Seele gemeinsam machen dich vollkommen.

Räuchermischung:

Lärche	klärt die Gedanken
Rose	harmonisiert die Gefühle
Sonnenblume	lässt Leichtigkeit ins Leben
Sternanis	wirkt beruhigend auf allen Ebenen
Zeder	gibt Kraft für Neues

Passendes Achanta-Räucherwerk:
Wege und Werte erkennen

ÜBERBLICK DER THEMEN

Nr.	Thema	Achanta-Räucherwerk	Pflanze auf der Karte
1	Frieden und Gelassenheit entwickeln	Tut gut bei Aggressionen	Passions-blume
2	Sanftmut und Ent-spannung finden	Tut gut bei Aggressionen	Johan-niskraut
3	Liebevoll sein	Frauenwohl	Sonnen-blume
4	Glück in sich selbst finden	Glück und Erfolg	Kalmus
5	Erfolg zulassen	Glück und Erfolg	Eisenkraut
6	In Harmonie leben	Harmonie	Mädesüß
7	Entspannt sein	Harmonie	Schaf-garbe
8	Geborgen sein	Geborgenheit	Rosmarin
9	Lebensfroh sein	Geborgenheit	Orange
10	Inneren Frieden spüren	Innerer Frieden	Lorbeer
11	Dankbar sein	Innerer Frieden	Angelika

Nr.	Thema	Achanta-Räucherwerk	Pflanze auf der Karte
12	Zufrieden sein	Innerer Frieden	Ysop
13	Innere Fülle erreichen	Innere Fülle und Reichtum	Beifuß
14	Freude ausdrücken	Innere Fülle und Reichtum	Zeder
15	Auf die Intuition hören	Intuition wecken	Myrte
16	Urvertrauen entwickeln	Intuition wecken	Wacholder
17	Entscheidungen treffen	Klarheit und Wahrheit	Melisse
18	Im Hier und Jetzt leben	Klarheit und Wahrheit	Eukalyptus
19	Den eigenen Lebensweg gehen	Klarheit und Wahrheit	Kiefer
20	Neubeginn zulassen	Klarheit und Wahrheit	Gänse-blümchen
21	Verantwortung für sich selbst übernehmen	Klarheit und Wahrheit	Lebens-baum
22	Sich selbst lieben	Liebe	Rose
23	Das Herz öffnen	Liebe	Lavendel

Nr.	Thema	Achanta-Räucherwerk	Pflanze auf der Karte
24	Verstorbene loslassen	Loslassen	Holunder
25	Ex-Partner loslassen	Loslassen	Zimt
26	Die Vergangenheit loslassen	Loslassen	Sternanis
27	Sich selbst vergeben	Vergebung	Jasmin
28	Anderen vergeben	Vergebung	Iriswurzel
29	Blockaden lösen	Mentale Stärke	Weide
30	Gefühle zulassen	Mentale Stärke	Bernstein
31	Belastungen reduzieren	Unbeschwert und frei sein	Löwenzahn
32	Unbeschwert leben	Unbeschwert und frei sein	Fichte
33	In Freiheit leben	Unbeschwert und frei sein	Hafer
34	Wohlfühlsituationen erschaffen	Schutz	Weihrauch

Nr.	Thema	Achanta-Räucherwerk	Pflanze auf der Karte
35	Energie bewahren	Schutz	Meersalz
36	Selbstwert aufbauen	Selbst-vertrauen	Pfeffer-minze
37	Sich erden	Erdung	Myrhe
38	Sich des Lebens freuen	Lebensfreude	Basilikum
39	Auf die Seele hören	Tut gut bei Stress	Kamille
40	Ruhe und Besonnen-heit finden	Tut gut bei Stress	Rosenwurz
41	Kraft und Energie tanken	Kraft und Energie	Goldrute
42	In Sicherheit sein	Tut gut bei Ängsten	Baldrian
43	Unbekümmert leben	Tut gut bei Ängsten	Quendel
44	Körper Geist und Seele vereinen	Wege und Werte erkennen	Lärche

Die Autorin

Annemarie Herzog (www.achanta.at)
Ich lebe in Kärnten, Österreich, und betreibe dort eine Räuchermanufaktur. Ich habe das Wissen um die Kraft der Pflanzen von meinen Vorfahren vorgelebt bekommen und gebe es in meinen Büchern und auf meinen CDs weiter. Es ist ein traditionelles europäisches Heilwissen, das ich erhalten und mit den Menschen teilen möchte, damit es weiter Bestand hat.

Die Künstlerin

Petra Kühne (www.petralefaye.de) Schon als Kind malte ich mich in meine eigene kleine Welt – immer aus meiner Liebe zur Natur und deren Schönheit heraus. Kunst war mein Refugium, während ich Soziologie studierte und in Verlagen arbeitete. Als ich begann, für Chuck Spezzano Kartensets zu illustrieren, und immer mehr meiner Bilder in die Welt kamen, begriff ich diese gemalten Seelenlandschaften als innere archetypische Wirklichkeiten, die ich mit allen Menschen teile. Heute widme ich mich ganz meiner Berufung als freiberufliche Illustratorin und verleihe in meinem Atelier »Traumwelt« den geschriebenen Worten bildlichen Ausdruck. Dieses Kartenset mit den seelenvollen Räuchermischungen von Annemarie Herzog zu illustrieren, ist mir eine ganz besondere Freude gewesen!

Räuchern für Körper, Geist und Seele

Bhagavati P. Hafen
Glück in jedem Raum
Wie wir unser Zuhause mit der energetischen Hausreinigung in einen Kraftort verwandeln
160 Seiten
ISBN 978-3-8434-1397-8

Markus Schirner
Leitfaden Räuchern mit Harzen, Kräutern und Hölzern
Die besten Praxis-Tipp für Einsteiger
192 Seiten
ISBN 978-3-8434-1517-0

Franz X. J. Huber, Anja Schmidt
Das große Buch vom Räuchern
272 Seiten
ISBN 978-3-8434-1499-9

Schirner Verlag